AF221735

Impressum
Verlag: BABADADA GmbH, Nedderfeld 112 , 22529 Hamburg
Geschäftsführer / Verlagsleitung: Harald Hof
Druck: Books on Demand GmbH, In de Tarpen 42, 22848 Norderstedt

Imprint
Publisher: BABADADA GmbH, Nedderfeld 112 , 22529 Hamburg, Germany
Managing Director / Publishing direction: Harald Hof
Print: Books on Demand GmbH, In de Tarpen 42, 22848 Norderstedt

училище

school

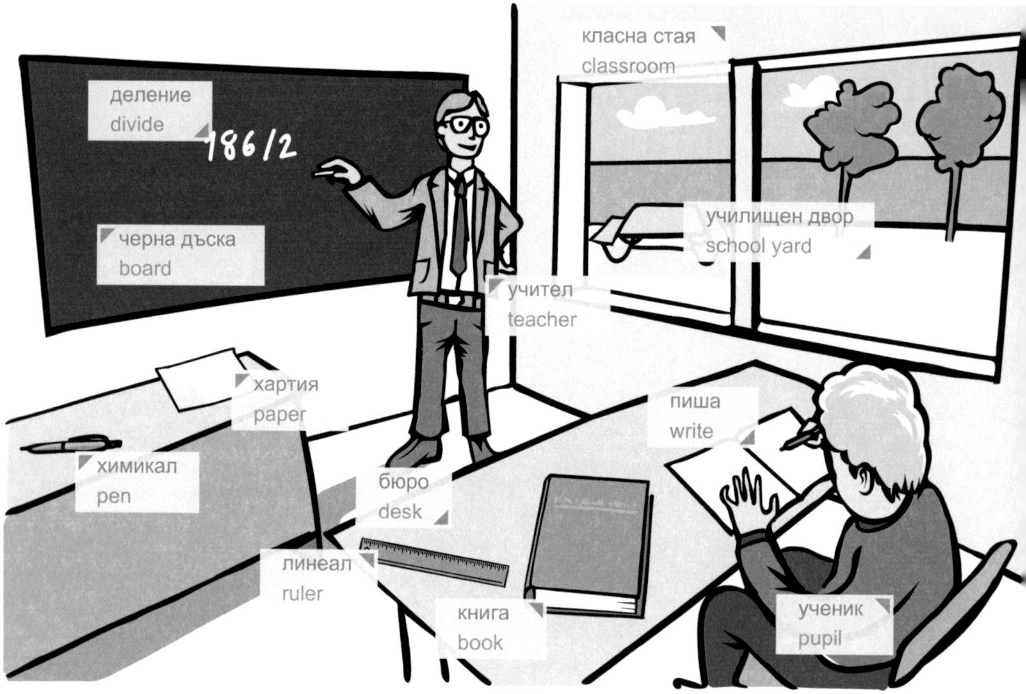

класна стая
classroom
деление
divide
186/2
черна дъска
board
училищен двор
school yard
учител
teacher
хартия
paper
пиша
write
химикал
pen
бюро
desk
линеал
ruler
книга
book
ученик
pupil

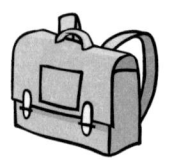

ученическа раница

satchel

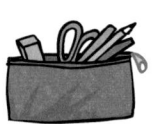

ученически несесер

pencil case

молив

pencil

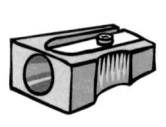

острилка за моливи

pencil sharpener

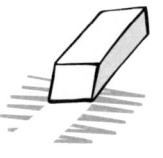

гума

rubber

блок за рисуване

drawing pad

рисунка

drawing

четка

paintbrush

акварелни бои

paint box

ножица

scissors

лепило

glue

тетрадка за упражнения

exercise book

домашна работа

homework

число

number

събиране

add

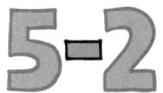

изваждане

subtract

умножение

multiply

смятане

calculate

буква

letter

азбука

alphabet

дума

word

училище - school

текст

text

чета

read

тебешир

chalk

час

lesson

дневник на класа

register

изпит

exam

свидетелство

certificate

ученическа униформа

school uniform

образование

education

справочник

encyclopedia

университет

university

микроскоп

microscope

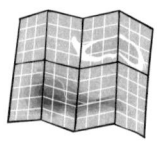

карта

map

кошче за хартиени отпадъци

waste-paper basket

хотел
hotel

Grand

хостел
hostel

ROOMS

обменно бюро
bureau de change

ECHANGE

куфар
suitcase

кола
car

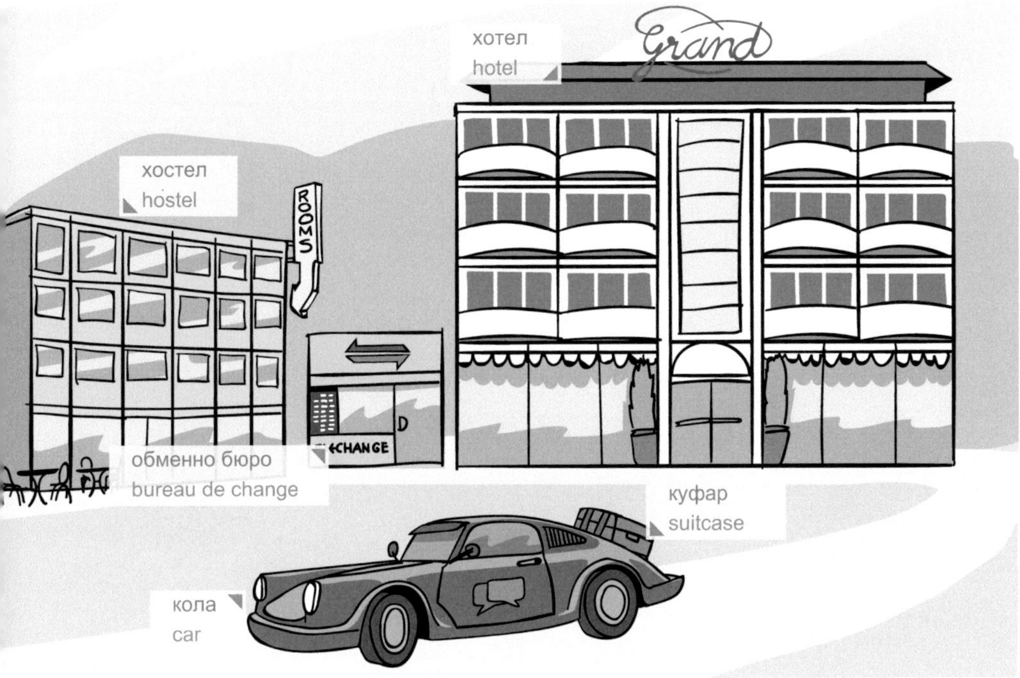

език

language

да / не

yes / no

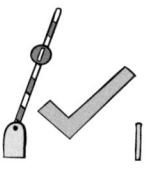

Окей

Okay

здравей

hello

преводач

translator

Благодаря

Thank you

Колко струва…?

how much is…?

Не разбирам

I do not understand

проблем

problem

Добър вечер!

Good evening!

Добро утро!

Good morning!

Лека нощ!

Good night!

довиждане

bye bye

посока

direction

багаж

luggage

пътна чанта

bag

раница

backpack

посетител

guest

стая

room

спален чувал

sleeping bag

палатка

tent

туристическа информация

tourist information

плаж

beach

кредитна карта

credit card

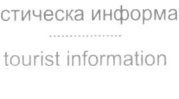

закуска

breakfast

обед

lunch

вечеря

dinner

билет

ticket

асансьор

lift

пощенска марка

stamp

граница

border

митница

customs

посолство

embassy

виза

visa

паспорт

passport

транспорт
transport

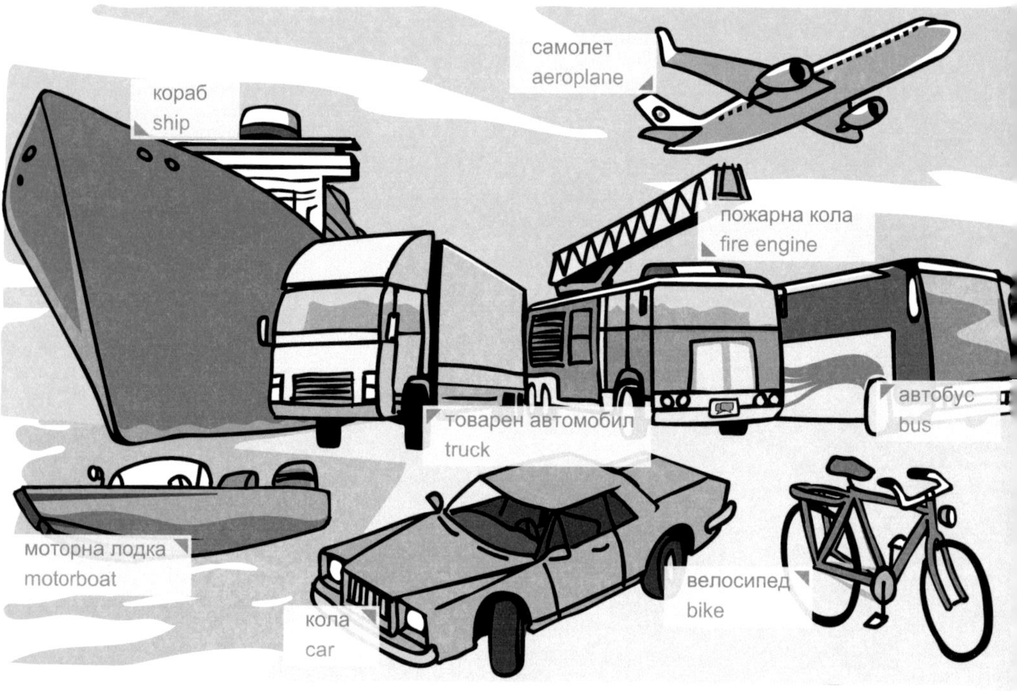
самолет
aeroplane
кораб
ship
пожарна кола
fire engine
автобус
bus
товарен автомобил
truck
моторна лодка
motorboat
велосипед
bike
кола
car

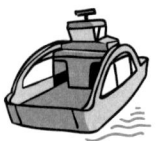

ферибот

ferry

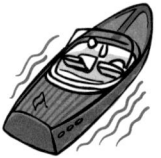

лодка

boat

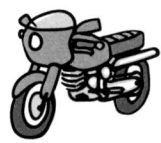

мотоциклет

motorbike

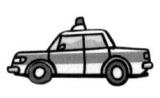

полицейска кола

police car

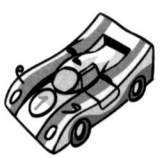

състезателна кола

racing car

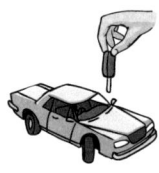

кола под наем

rental car

каршеринг

car sharing

автомобил от "Пътна помощ"

breakdown truck

сметовоз

refuse truck

двигател

motor

бензин

fuel

бензиностанция

petrol station

пътен знак

traffic sign

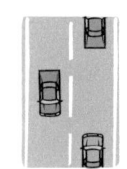

улично движение

traffic

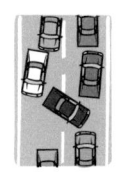

задръстване

traffic jam

паркинг

car park

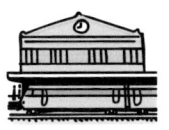

гара

train station

релси

tracks

влак

train

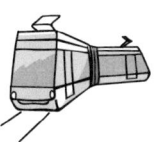

трамвай

tram

вагон

carriage

хеликоптер

helicopter

аерогара

airport

кула

tower

пасажер

passenger

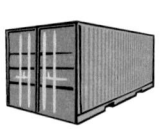

контейнер

container

кашон

carton

ръчна количка

cart

кошница

basket

излитам / приземявам се

take off / land

град

city

село

village

градски център

city centre

къща

house

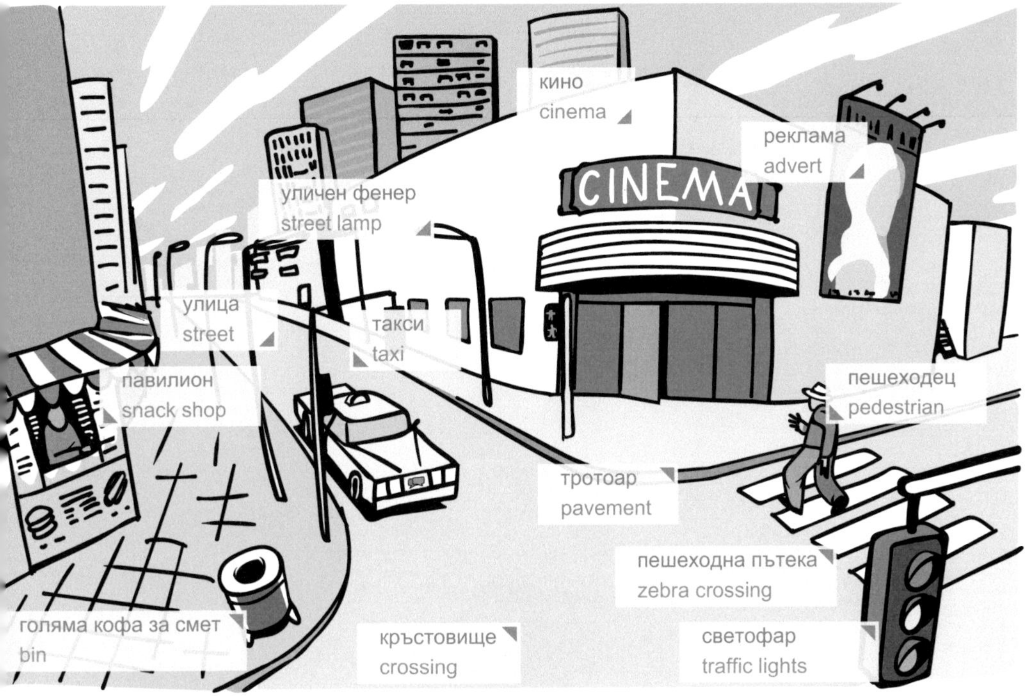

кино
cinema

реклама
advert

уличен фенер
street lamp

улица
street

такси
taxi

пешеходец
pedestrian

павилион
snack shop

тротоар
pavement

пешеходна пътека
zebra crossing

голяма кофа за смет
bin

кръстовище
crossing

светофар
traffic lights

хижа
hut

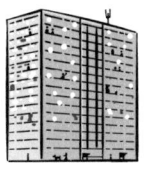

жилище
flat

гара
train station

кметство
town hall

музей
museum

училище
school

град - city

университет

university

банка

bank

болница

hospital

хотел

hotel

аптека

pharmacy

офис

office

книжарница

book shop

магазин за цветя

shop

магазин за цветя

florist's

супермаркет

supermarket

пазар

market

универсален магазин

department store

търговец на риба

fishmonger's

търговски център

shopping centre

пристанище

harbour

парк

park

пейка

bench

мост

bridge

стълба

stairs

метро

underground

тунел

tunnel

автобусна спирка

bus stop

бар

bar

ресторант

restaurant

пощенска кутия

postbox

улична табелка

street sign

часовник за паркинг
престой

parking meter

зоологическа градина

zoo

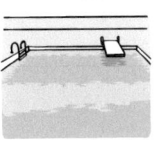

плувен басейн

swimming pool

джамия

mosque

селски двор
farm

замърсяване на околната среда
pollution

гробище
graveyard

църква
church

детска площадка
playground

храм
temple

пейзаж

landscape

листо
leaf

пътепоказател
signpost

път
way

ливада
meadow

камък
stone

дърво
tree

пътешественик
hiker

река
river

трева
grass

цвете
flower

долина

valley

планина

hill

море

lake

гора

forest

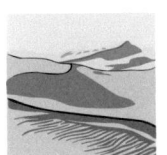

пустиня

desert

вулкан

volcano

замък

castle

дъга

rainbow

гъба

mushroom

палма

palm tree

комар

mosquito

муха

fly

мравка

ant

пчела

bee

паяк

spider

пейзаж - landscape

бръмбар

beetle

жаба

frog

катеричка

squirrel

таралеж

hedgehog

заек

hare

кукумявка

owl

птица

bird

лебед

swan

диво прасе

boar

елен

deer

лос

moose

бент

dam

вятърна турбина

wind turbine

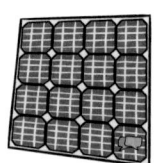

соларен модул

solar panel

климат

climate

ресторант
restaurant

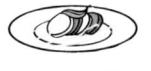

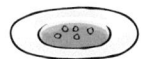

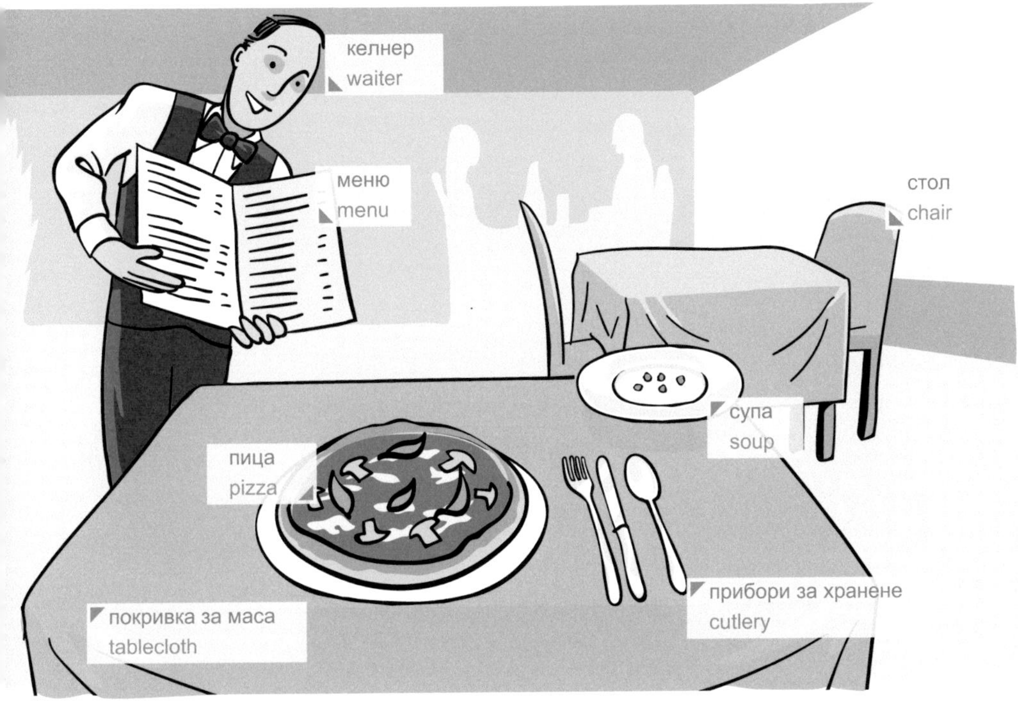

келнер
waiter
меню
menu
стол
chair
супа
soup
пица
pizza
прибори за хранене
cutlery
покривка за маса
tablecloth

предястие

starter

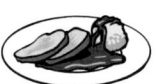

основно ястие

main course

десерт

dessert

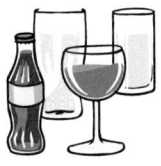

напитки

drinks

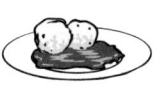

ядене

food

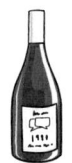

бутилка

bottle

бързо хранене

fast food

улична храна

street food

кана за чай

teapot

кутия за захар

sugar bowl

порция

portion

еспресо машина

espresso machine

висок детски стол

high chair

сметка

bill

табла

tray

ножица за нокти

knife

вилица

fork

лъжица

spoon

чаена лъжичка

teaspoon

салфетка

serviette

стъклена чаша

glass

чиния

plate

чиния за супа

soup plate

чинийка

saucer

сос

sauce

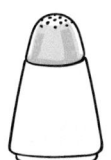

солница

salt pot

мелничка за черен пипер

pepper mill

оцет

vinegar

олио

oil

подправки

spices

кетчуп

ketchup

горчица

mustard

майонеза

mayonnaise

супермаркет
supermarket

оферта
special offer
FOR
клиент
customer
млечни продукти
dairy
плодове
fruit
количка за покупки
trolley

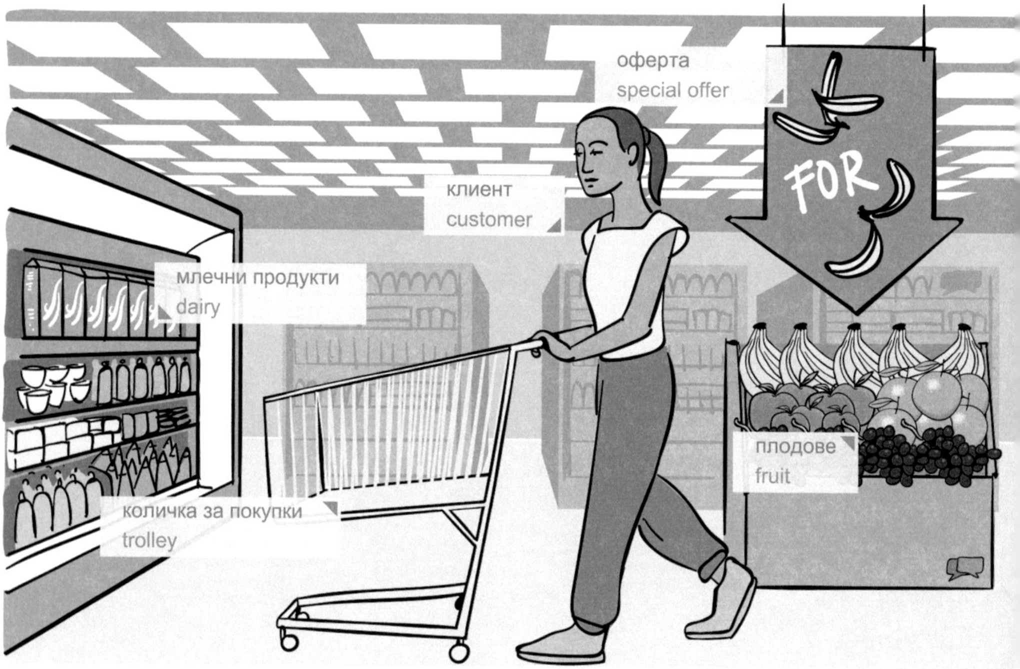

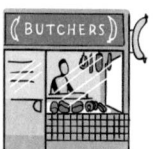

BUTCHERS

кланица

butcher´s

BAKERY

хлебарница

baker´s

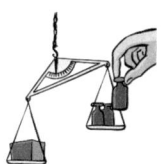

тегля

weigh

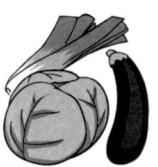

зеленчуци

vegetables

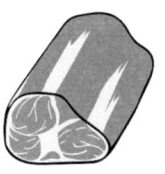

месо

meat

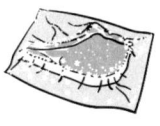

дълбоко замразена храна

frozen food

нарязан колбас или сирене
cold meat

консерви
tinned food

перилен препарат
washing powder

лакомства
sweets

домакински изделия
household products

почистващи препарати
cleaning products

продавачка
salesperson

каса
till

касиер
cashier

списък на покупките
shopping list

работно време
opening hours

портфейл
wallet

кредитна карта
credit card

чанта
bag

пластмасова торба
plastic bag

вода

water

сок

juice

мляко

milk

кола

coke

вино

wine

бира

beer

алкохол

alcohol

какао

cocoa

чай

tea

кафе машина

coffee

еспресо

espresso

капучино

cappuccino

банан

banana

ябълка

apple

портокал

orange

пъпеш

melon

лимон

lemon

морков

carrot

чесън

garlic

бамбук

bamboo

лук

onion

гъба

mushroom

ядки

nuts

макарони

noodles

спагети

spaghetti

ориз

rice

салата

salad

пържени картофи

chips

печени картофи

fried potatoes

пица

pizza

хамбургер

hamburger

сандвич

sandwich

шницел

cutlet

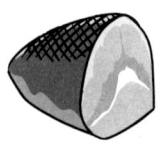

шунка

ham

траен колбас

salami

салам

sausage

пиле

chicken

печено

roast

риба

fish

овесени ядки

porridge oats

мюсли

muesli

корнфлейкс

cornflakes

брашно

flour

кроасан

croissant

хлебчета

bread roll

хляб

bread

препечена филийка

toast

бисквити

biscuits

масло

butter

извара

curd

сладкиш

cake

яйце

egg

яйца на очи

fried egg

сирене

cheese

сладолед

ice cream

захар

sugar

мед

honey

мармалад

jam

нуга крем

chocolate spread

къри

curry

селски двор
farm

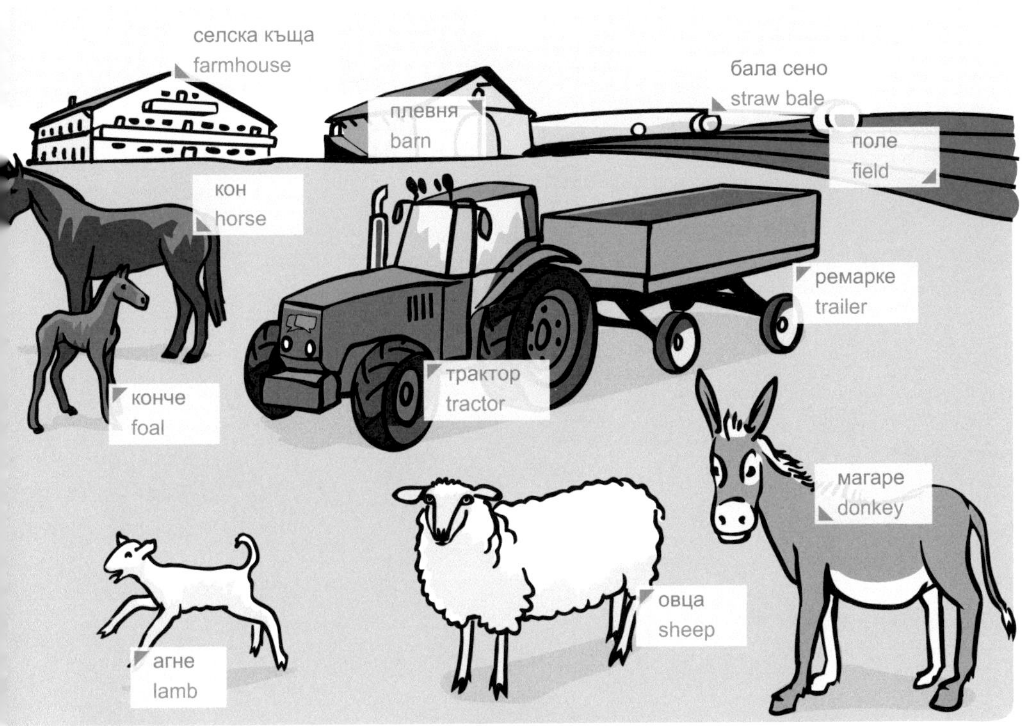

селска къща
farmhouse
плевня
barn
бала сено
straw bale
поле
field
кон
horse
ремарке
trailer
трактор
tractor
конче
foal
магаре
donkey
овца
sheep
агне
lamb

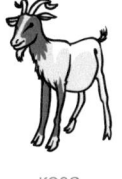

коза

goat

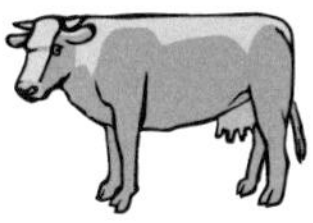

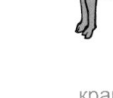

крава

cow

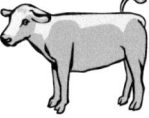

теле

calf

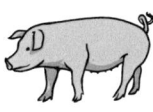

свиня

pig

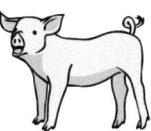

прасенце

piglet

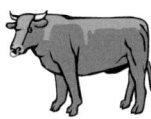

бик

bull

гъска

goose

патица

duck

пиленце

chick

кокошка

hen

петел

cock

плъх

rat

котка

cat

мишка

mouse

вол

ox

куче

dog

кучешка колиба

doghouse

градински маркуч

garden hose

лейка

watering can

коса

scythe

плуг

plough

сърп

sickle

мотика

hoe

вила за тор

pitchfork

брадва

axe

ръчна количка

wheelbarrow

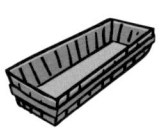

корито

trough

съд за мляко

milk can

чувал

sack

ограда

fence

обор

stable

парник

greenhouse

земя

soil

сеитба

seed

тор

fertilizer

комбайн

combine harvester

жъна

harvest

реколта

harvest

ямс

yams

жито

wheat

соя

soy

картоф

potato

царевица

corn

рапица

rapeseed

овощно дърво

fruit tree

маниока

cassava

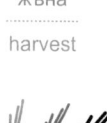

зърнени храни

cereals

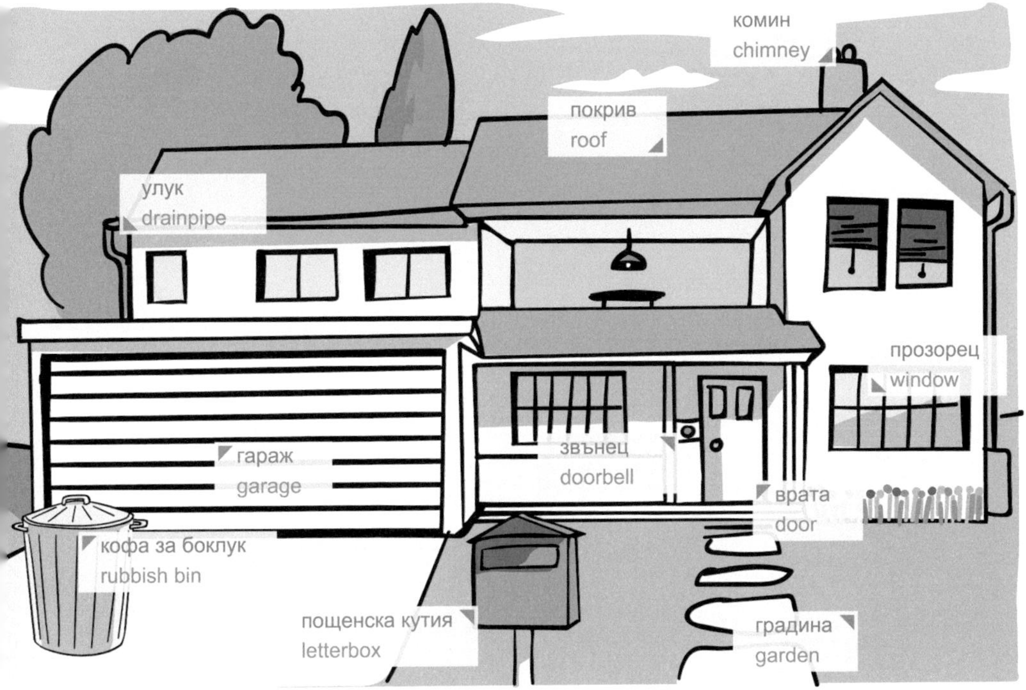

комин
chimney

покрив
roof

улук
drainpipe

прозорец
window

гараж
garage

звънец
doorbell

врата
door

кофа за боклук
rubbish bin

пощенска кутия
letterbox

градина
garden

всекидневна

living room

баня

bathroom

кухня

kitchen

спалня

bedroom

детска стая

child's room

трапезария

dining room

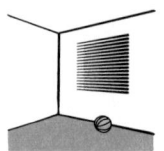

под

floor

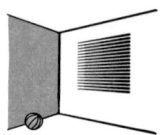

стена

wall

таван

ceiling

изба

cellar

сауна

sauna

балкон

balcony

тераса

terrace

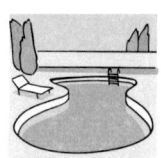

плувен басейн

pool

косачка

lawn mower

спално бельо

sheet

покривка за легло

bedspread

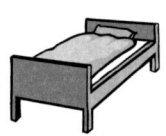

легло

bed

метла

broom

кофа

bucket

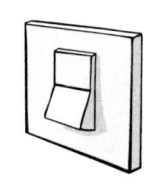

електрически ключ

switch

всекидневна
living room

тапет
wallpaper
картина
picture
лампа
lamp
рафт
shelf
шкаф
cupboard
телевизор
television
камина
fireplace
цвете
flower
възглавница
cushion
канапе
sofa
ваза
vase
дистанционно управление
remote control

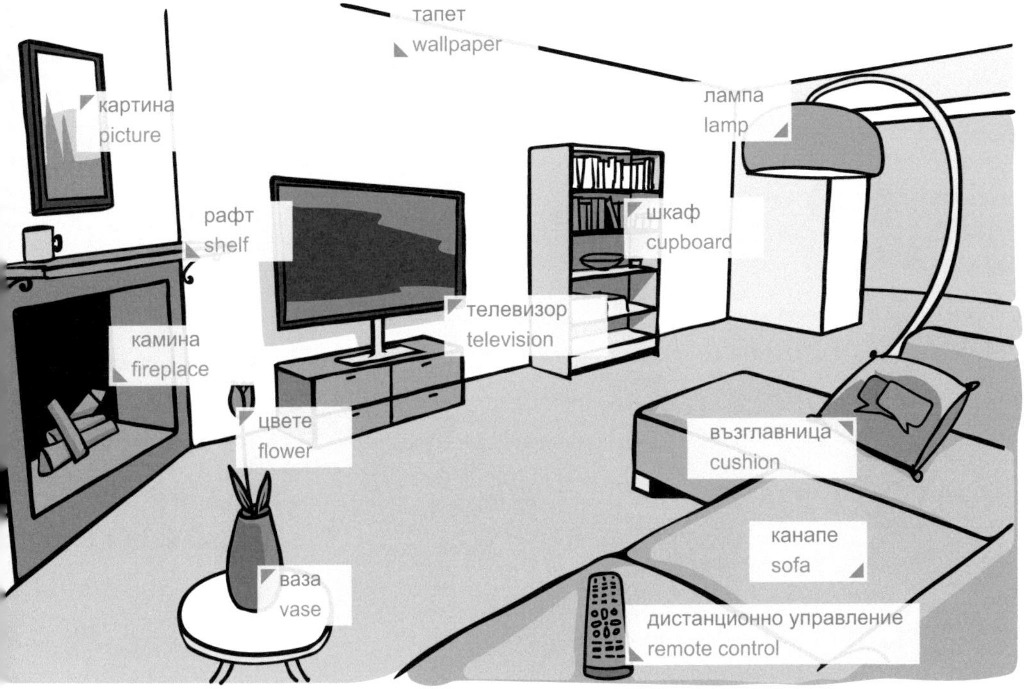

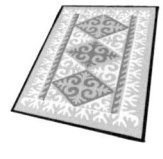

килим

carpet

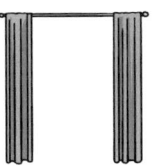

завеса

curtain

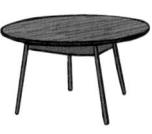

маса

table

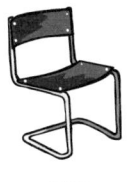

стол

chair

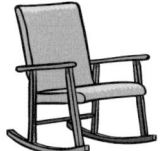

люлеещ се стол

rocking chair

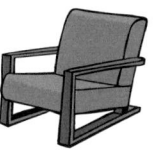

кресло

armchair

книга

book

одеяло

blanket

декорация

decoration

дърва за отопление

firewood

филм

film

стерео уредба

hi-fi equipment

ключ

key

вестник

newspaper

живопис

painting

постер

poster

радио

radio

бележник

notepad

прахосмукачка

hoover

кактус

cactus

свещ

candle

кухня
kitchen

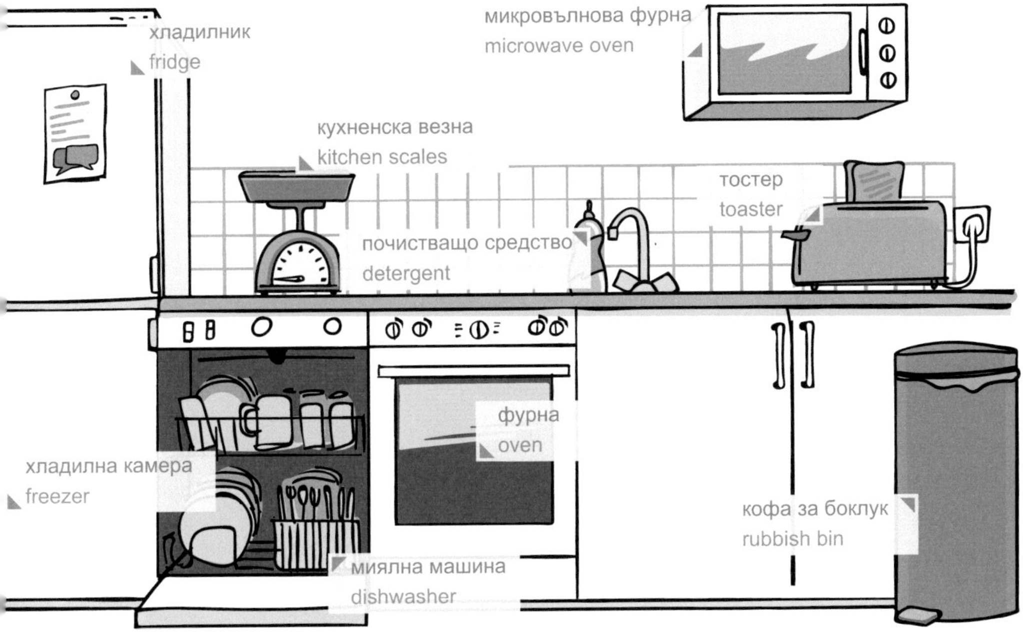

хладилник
fridge
микровълнова фурна
microwave oven
кухненска везна
kitchen scales
тостер
toaster
почистващо средство
detergent
фурна
oven
хладилна камера
freezer
кофа за боклук
rubbish bin
миялна машина
dishwasher

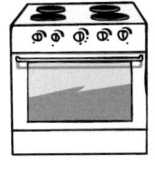

готварска печка

cooker

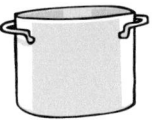

тенджера

pot

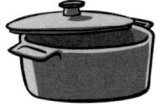

желязна тенджера

cast-iron pot

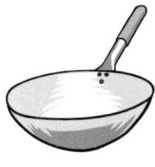

уок / кадаи

wok / kadai

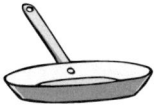

тиган

pan

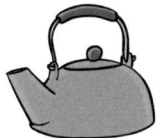

кана за затопляне на вода

kettle

уред за готвене на пара

steamer

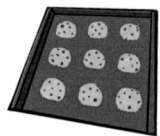

тава за печене

baking tray

съдове

crockery

чаша

mug

купа

bowl

клечки за хранене

chopsticks

черпак

ladle

лопатка за тиган

spatula

тел за разбиване (на яйца, белтъци)

whisk

кошница за варене

strainer

гевгир

sieve

ренде

grater

хаван

mortar

барбекю

barbecue

огнище

open fire

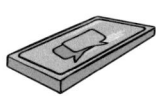

дъска

chopping board

точилка

rolling pin

тирбушон

corkscrew

кутия

can

отварачка за консерви

can opener

кухненска ръкохватка

pot holder

мивка

sink

четка

brush

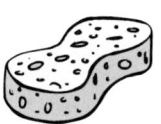

гъба

sponge

миксер

blender

фризер

deep freezer

бебешко шише

baby bottle

воден кран

tap

баня

bathroom

душ
shower
отопление
heating
хавлиена кърпа
towel
завеса за баня
shower curtain
шампоан за вана
bubble bath
вана
bathtub
стъклена чаша
glass
перална машина
washing machine
воден кран
tap
плочки
tiles
гърне
potty
мивка
sink

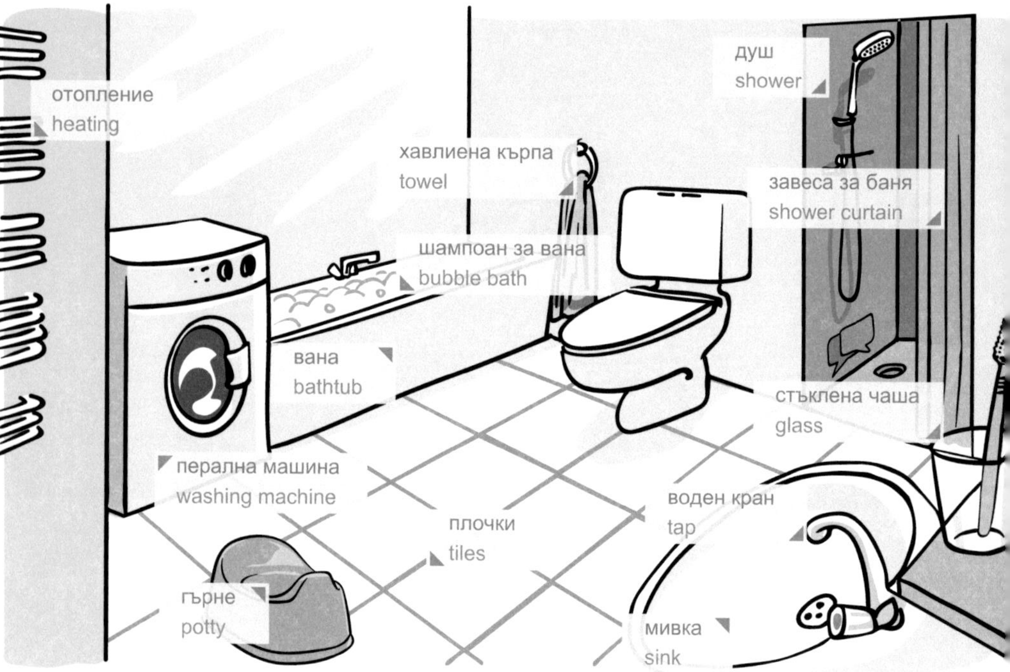

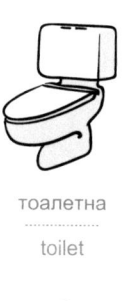

тоалетна

toilet

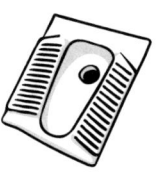

клекало

squat toilet

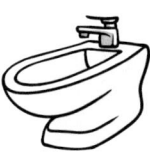

биде

bidet

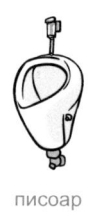

писоар

urinal

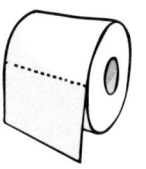

тоалетна хартия

toilet paper

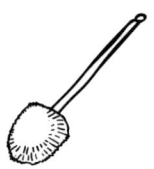

четка за тоалетна

toilet brush

четка за зъби

toothbrush

паста за зъби

toothpaste

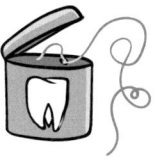

конец за зъби

dental floss

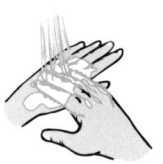

мия

wash

ръчен душ

handheld shower

интимен душ

douche

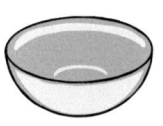

леген

basin

четка за гръб

back brush

сапун

soap

душ гел

shower gel

шампоан за вана

shampoo

гъба за баня

flannel

сифон

drain

крем

cream

дезодорант

deodorant

огледало

mirror

козметично огледало

hand mirror

ръчна самобръсначка

razor

пяна за бръснене

shaving foam

одеколон за след
бръснене
aftershave

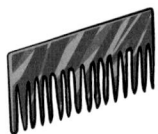

гребен

comb

четка

brush

сешоар

hair dryer

спрей за коса

hairspray

грим

makeup

червило

lipstick

лак за нокти

nail varnish

памук

cotton wool

ножица за нокти

nail scissors

парфюм

perfume

тоалетна чантичка

washbag

табуретка

stool

везна

weighing scale

хавлия

bathrobe

домакински ръкавици

rubber gloves

тампон

tampon

дамски превръзки

sanitary towel

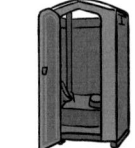

химическа тоалетна

chemical toilet

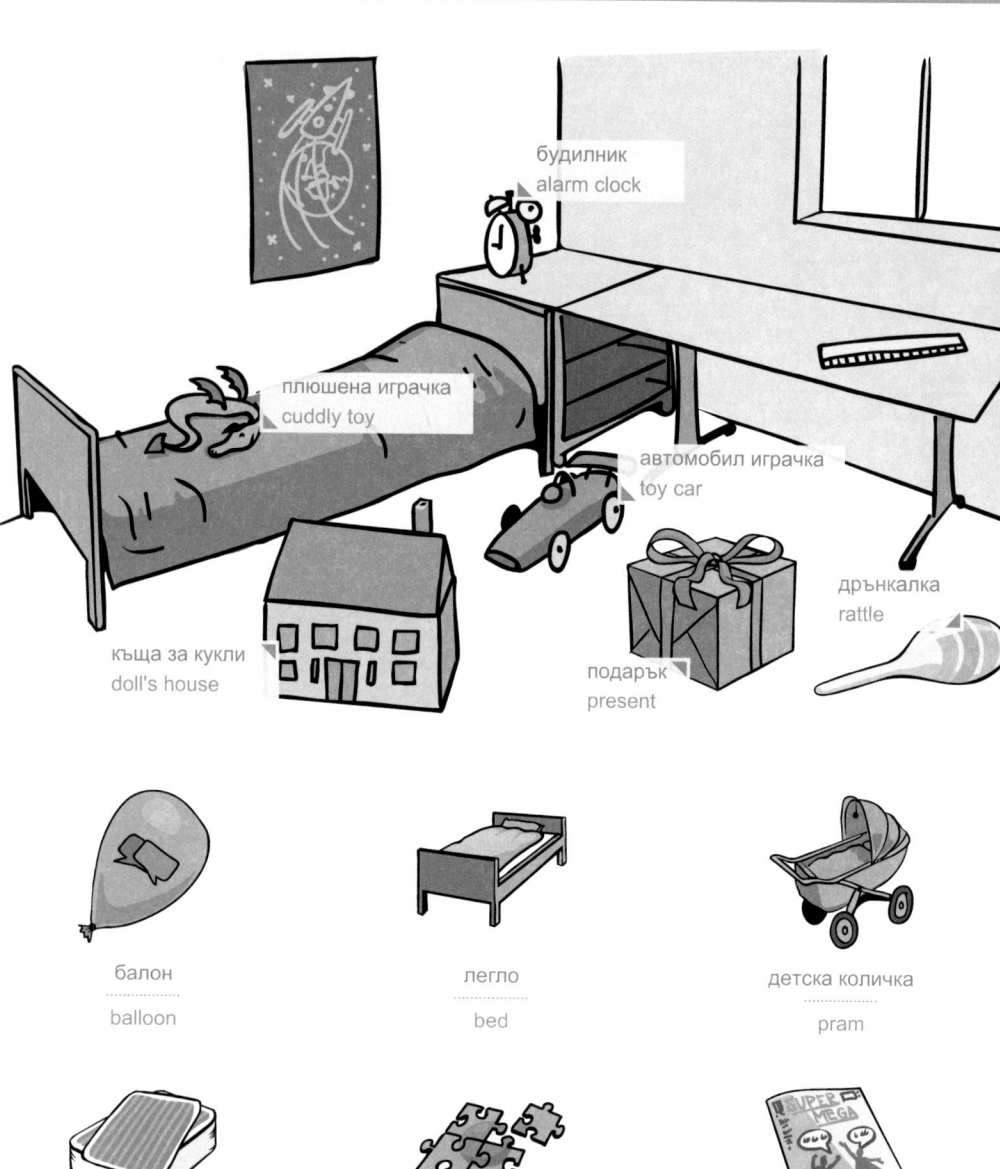

будилник
alarm clock

плюшена играчка
cuddly toy

автомобил играчка
toy car

дрънкалка
rattle

къща за кукли
doll's house

подарък
present

балон

balloon

легло

bed

детска количка

pram

игра на карти

deck of cards

пъзел

jigsaw

комикс

comic

лего елементи

lego bricks

строителни елементи

building blocks

екшън фигурка

action figure

бебешки гащеризон

babygrow

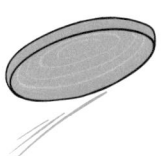

фрисби

frisbee

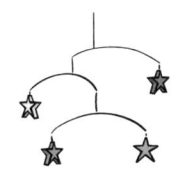

бебешки играчки за легло

mobile

настолна игра

board game

зарче

dice

миниатюрно влакче

model train set

биберон

dummy

парти

party

детска книга с илюстрации

picture book

топка

ball

кукла

doll

играя

play

пясъчник

sandpit

люлка

swing

играчка

toys

игрова конзола

video game console

велосипед с три колелета

tricycle

плюшено мече

teddy bear

гардероб

wardrobe

облекло

clothing

къси чорапи

socks

дълги чорапи

stockings

чорапогащник

tights

шал
scarf

чадър
umbrella

Т-шърт
t-shirt

колан
belt

ботуши
boots

пантофи
slippers

гуменки
trainers

сандали
sandals

обувки
shoes

гумени ботуши
rubber boots

слип
underpants

сутиен
bra

долна блуза
vest

облекло - clothing

боди

body

панталон

trousers

дънки

jeans

пола

skirt

блуза

blouse

риза

shirt

пуловер

pullover

суичър

hoodie

блейзър

blazer

яке

jacket

палто

coat

дъждобран

raincoat

костюм

costume

рокля

dress

булчинска рокля

wedding dress

костюм

suit

нощница

nightgown

пижама

pyjamas

сари

sari

кърпа за глава

headscarf

тюрбан

turban

бурка

burqa

кафтан

kaftan

абая

abaya

бански костюм

swimsuit

плувни шорти

trunks

къс панталон

shorts

анцуг

tracksuit

престилка

apron

ръкавици

gloves

копче

button

очила

glasses

гривна

bracelet

верижка

necklace

пръстен

ring

обеца

earring

каскет

cap

закачалка

coat hanger

шапка

hat

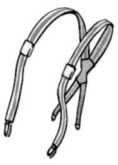

вратовръзка

tie

цип

zip

каска

helmet

тиранти

braces

ученическа униформа

school uniform

униформа

uniform

лигавник

bib

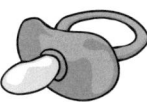

биберон

dummy

пелена

nappy

офис
office

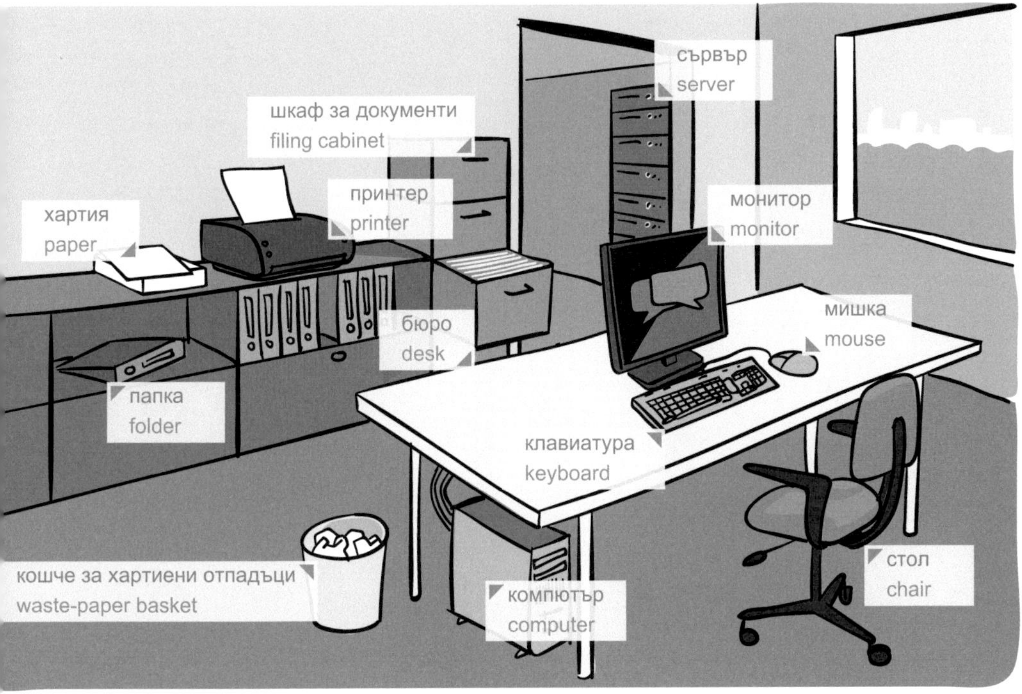

сървър
server

шкаф за документи
filing cabinet

принтер
printer

монитор
monitor

хартия
paper

бюро
desk

мишка
mouse

папка
folder

клавиатура
keyboard

кошче за хартиени отпадъци
waste-paper basket

компютър
computer

стол
chair

чаша за кафе

coffee mug

джобен калкулатор

calculator

интернет

internet

лаптоп

laptop

писмо

letter

съобщение

message

мобилен телефон

mobile

мрежа

network

ксерокс

photocopier

софтуер

software

телефон

telephone

контакт

plug socket

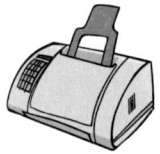

факс

fax machine

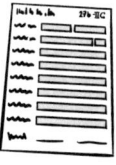

формуляр

form

документ

document

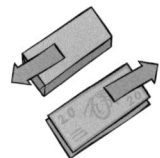

купувам

buy

плащам

pay

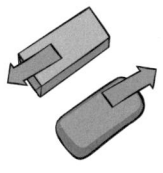

търгувам

trade

пари

money

долар

dollar

евро

euro

йена

yen

рубла

rouble

швейцарски франк

Swiss franc

ренминби юан

renminbi yuan

рупия

rupee

банкомат

cashpoint

обменно бюро

bureau de change

злато

gold

сребро

silver

нефт

oil

енергия

energy

цена

price

договор

contract

данък

tax

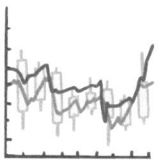

акция

stock

работя

work

служител

employee

работодател

employer

фабрика

factory

магазин за цветя

shop

професии
occupations

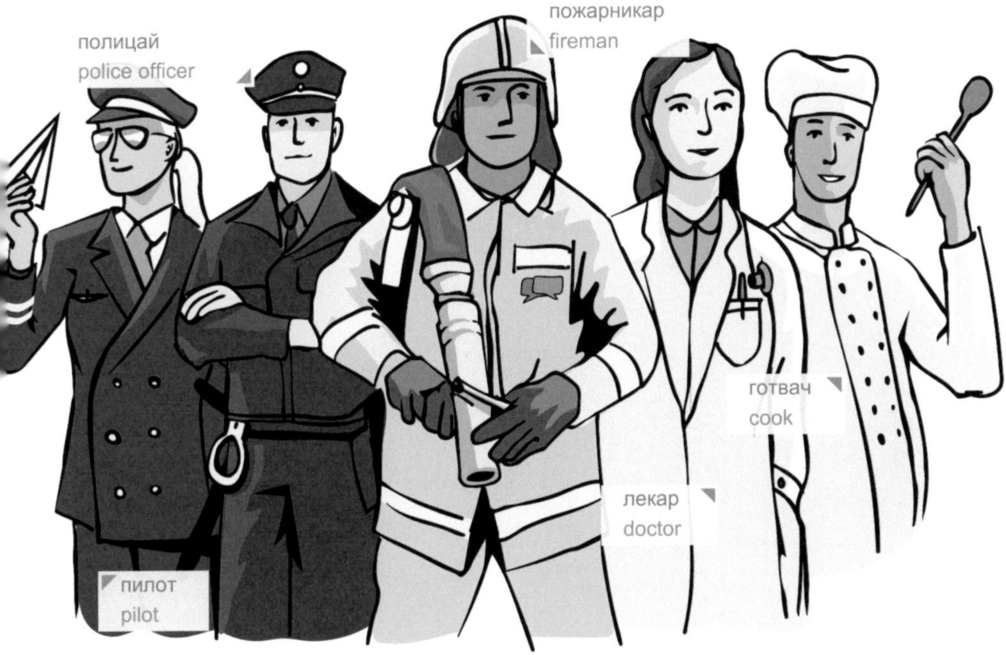
полицай
police officer
пожарникар
fireman
готвач
cook
лекар
doctor
пилот
pilot

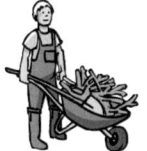

градинар

gardener

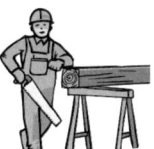

мебелист

carpenter

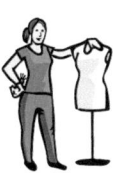

шивачка

seamstress

съдия

judge

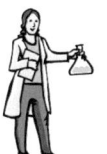

химик

chemist

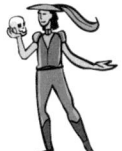

артист

actor

шофьор на автобус

bus driver

шофьор на такси

taxi driver

рибар

fisherman

чистачка

cleaning lady

майстор на покриви

roofer

келнер

waiter

ловец

hunter

художник

painter

хлебар

baker

електротехник

electrician

строителен работник

builder

инженер

engineer

касапин

butcher

тенекеджия

plumber

пощальон

postman

войник

soldier

архитект

architect

касиер

cashier

цветар

florist

фризьор

hairdresser

кондуктор

conductor

механик

mechanic

капитан

captain

зъболекар

dentist

научен работник

scientist

равин

rabbi

имàм

imàm

монах

monk

свещеник

clergyman

инструменти
tools

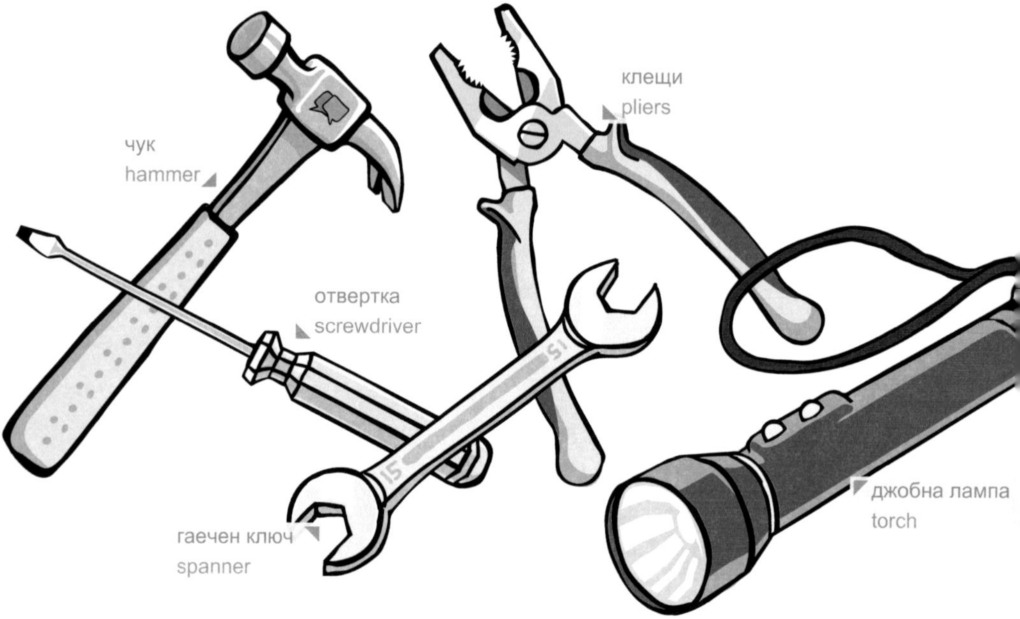
чук
hammer
клещи
pliers
отвертка
screwdriver
гаечен ключ
spanner
джобна лампа
torch
15

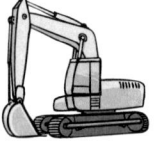

багер

digger

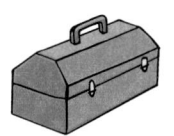

кутия за инструменти

toolbox

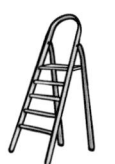

стълба

ladder

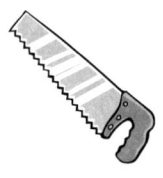

трион

saw

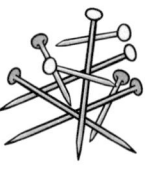

пирони

nails

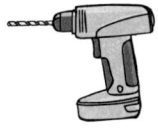

бормашина

drill

ремонтирам

repair

лопата

shovel

По дяволите!

Damn!

лопатка за смет

dustpan

кутия за боя

paint pot

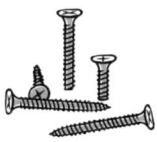

болтове

screws

музикални инструменти
musical instruments

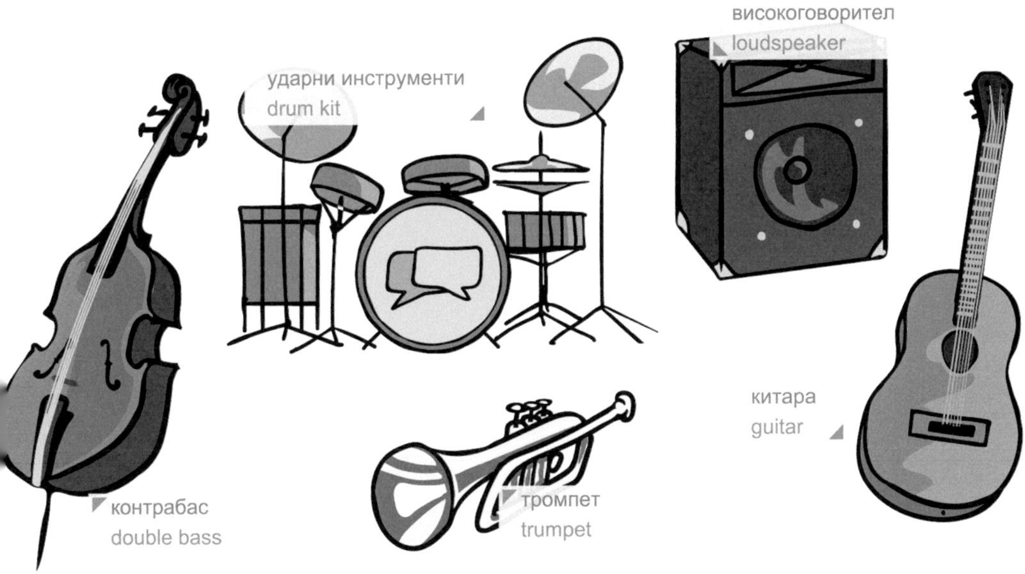

високоговорител
loudspeaker

ударни инструменти
drum kit

китара
guitar

контрабас
double bass

тромпет
trumpet

пиано

piano

виолина

violin

контрабас

bass

тимпан

timpani

барабан

drums

електрическо пиано

keyboard

саксофон

saxophone

флейта

flute

микрофон

microphone

зоологическа градина

zoo

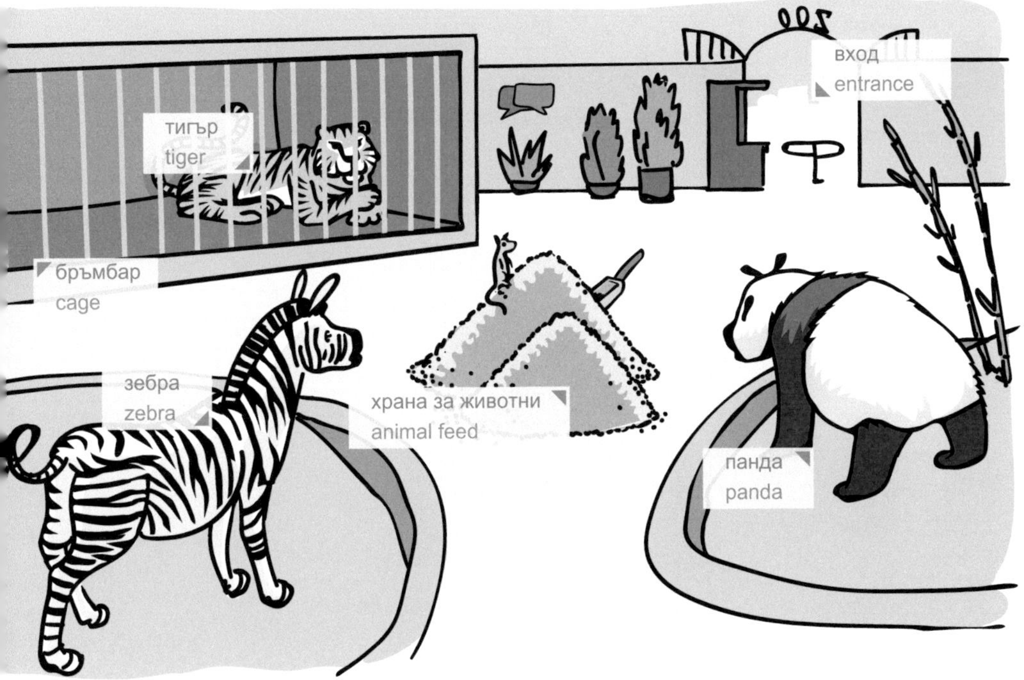
вход
entrance
тигър
tiger
бръмбар
cage
зебра
zebra
храна за животни
animal feed
панда
panda

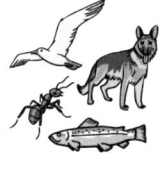

животни

animals

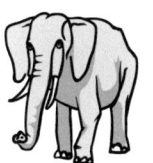

слон

elephant

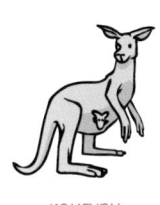

кенгуру

kangaroo

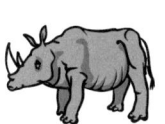

носорог

rhino

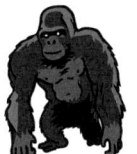

горила

gorilla

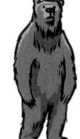

мечка

bear

камила

camel

щраус

ostrich

лъв

lion

маймуна

monkey

фламинго

flamingo

папагал

parrot

бяла мечка

polar bear

пингвин

penguin

акула

shark

паун

peacock

змия

snake

крокодил

crocodile

пазач в зоологическа
градина

zookeeper

тюлен

seal

ягуар

jaguar

пони

pony

леопард

leopard

хипопотам

hippo

жираф

giraffe

орел

eagle

диво прасе

boar

риба

fish

костенурка

turtle

морж

walrus

лисица

fox

газела

gazelle

американски футбол
American football

колоездене
cycling

тенис
tennis

баскетбол
basketball

плуване
swimming

бокс
boxing

хокей на лед
ice hockey

футбол

football

бадминтон

badminton

лека атлетика

athletics

хандбал

handball

ски бягане

skiing

поло

polo

скачам
jump

прегръщам
hug

смея се
laugh

вървя
walk

пея
sing

моля се
pray

целувам
kiss

сънувам
dream

пиша
write

рисувам
draw

показвам
show

бутам
push

давам
give

взимам
take

имам

have

правя

do

съм

be

стоя

stand

тичам

run

дърпам

pull

хвърлям

throw

падам

fall

лежа

lie

чакам

wait

нося

carry

седя

sit

обличам

get dressed

спя

sleep

събуждам се

wake up

разглеждам

look at

плача

cry

милвам

stroke

реша се

comb

говоря

talk

разбирам

understand

питам

ask

слушам

listen

пия

drink

ям

eat

разтребвам

tidy up

обичам

love

готвя

cook

карам автомобил

drive

летя

fly

плавам (с платна)

sail

смятане

calculate

чета

read

уча

learn

работя

work

женя се

marry

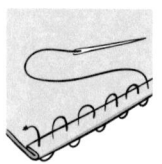

шия

sew

измивам си зъбите

brush teeth

убивам

kill

пуша

smoke

изпращам

send

семейство

family

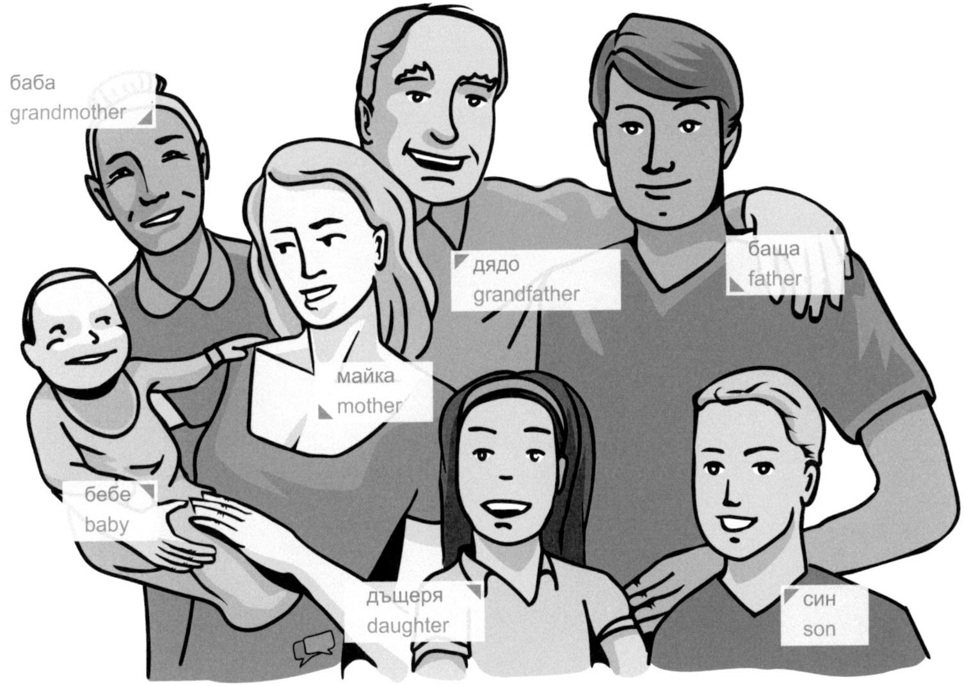
баба
grandmother
дядо
grandfather
баща
father
майка
mother
бебе
baby
дъщеря
daughter
син
son

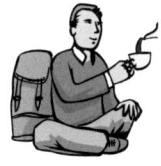

посетител

guest

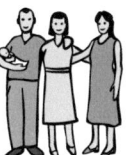

леля

aunt

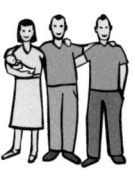

чичо

uncle

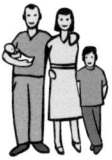

брат

brother

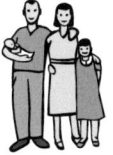

сестра

sister

тяло

body

чело
forehead
око
eye
лице
face
брадичка
chin
пръст
finger
ръка
hand
гърди
breast
ръка
arm
рамо
shoulder
крак
leg

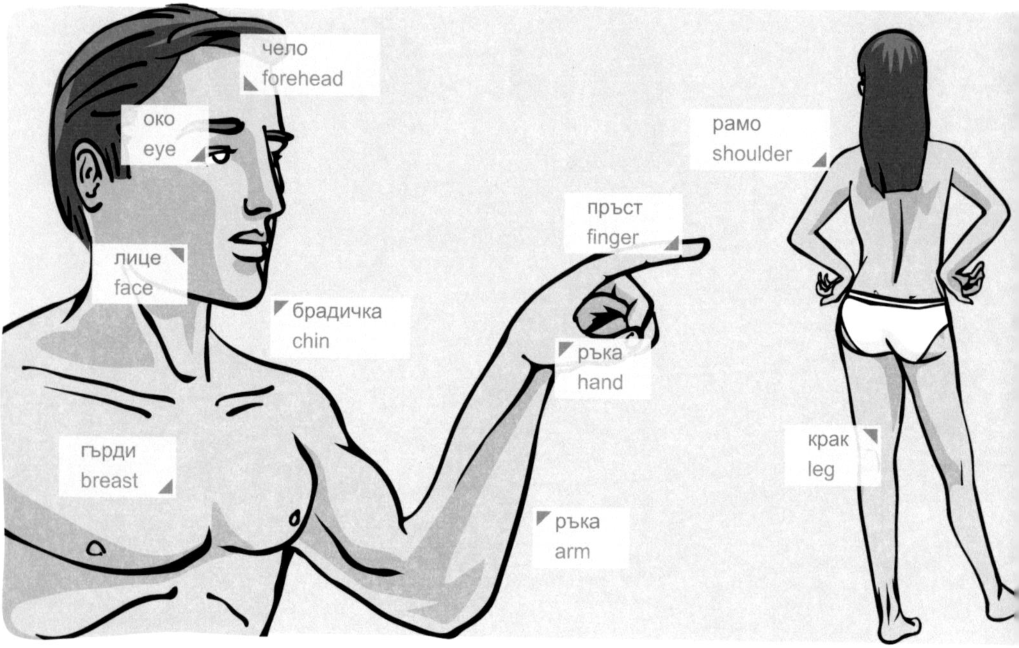

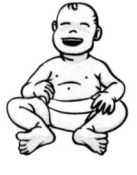

бебе
baby

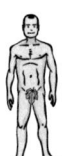

мъж
man

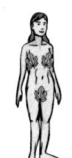

жена
woman

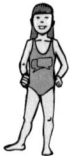

момиче
girl

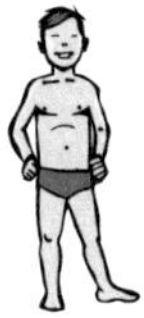

момче
boy

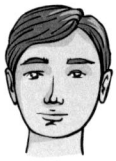

глава
head

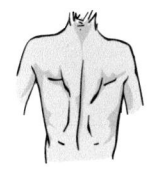

гръб

back

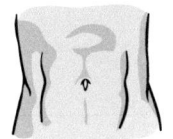

корем

belly

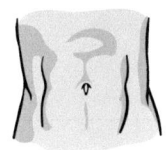

пъп

belly button

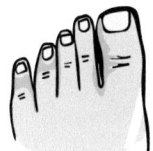

пръст на крака

toe

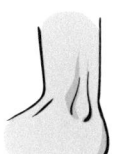

пета

heel

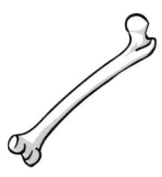

кост

bone

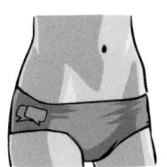

хълбок

hip

коляно

knee

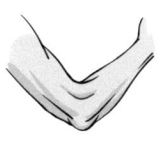

лакът

elbow

нос

nose

седалище

bottom

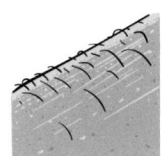

кожа

skin

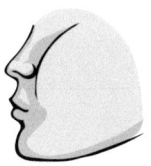

буза

cheek

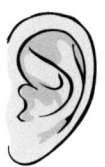

ухо

ear

устна

lip

уста

mouth

зъб

tooth

език

tongue

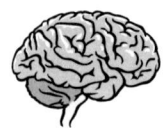

мозък

brain

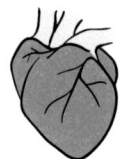

сърце

heart

мускул

muscle

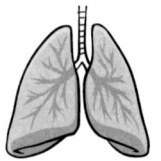

бял дроб

lung

черен дроб

liver

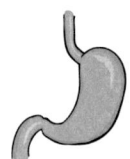

стомах

stomach

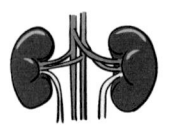

бъбреци

kidneys

полово сношение

sex

кондом

condom

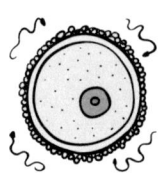

яйцеклетка

ovum

сперма

semen

бременност

pregnancy

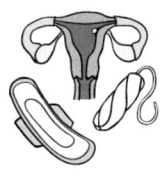

менструация

menstruation

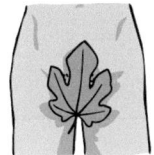

вагина

vagina

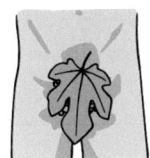

пенис

penis

вежда

eyebrow

коса

hair

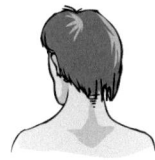

шия

neck

болница
hospital

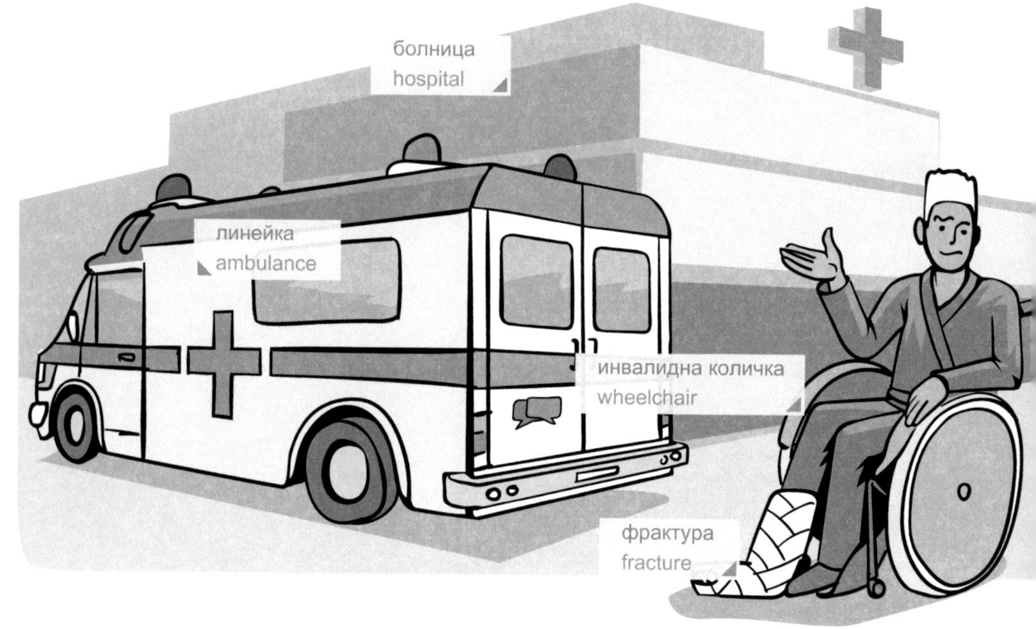

болница
hospital
линейка
ambulance
инвалидна количка
wheelchair
фрактура
fracture

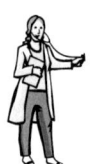

лекар

doctor

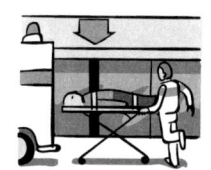

спешна хоспитализация

emergency room

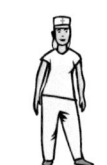

медицинска сестра

nurse

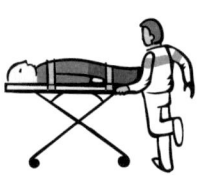

спешен случай

emergency

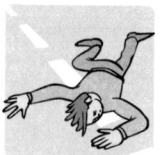

в безсъзнание

unconscious

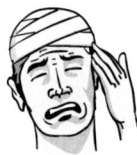

болка

pain

нараняване

injury

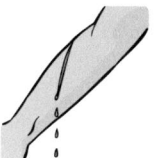

кървене

bleeding

инфаркт

heart attack

инсулт

stroke

алергия

allergy

кашлица

cough

температура

fever

грип

flu

диария

diarrhoea

главоболие

headache

рак

cancer

диабет

diabetes

хирург

surgeon

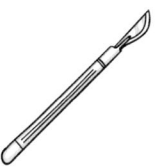

скалпел

scalpel

операция

operation

болница - hospital

компютърна томография

CT

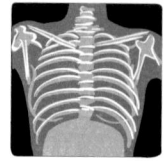

рентген

x-ray

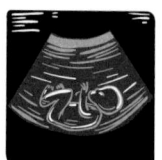

ултразвук

ultrasound

маска

face mask

болест

disease

чакалня

waiting room

патерица

crutch

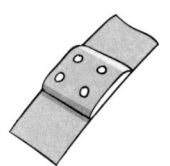

пластир

plaster

превръзка

bandage

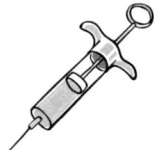

инжекция

injection

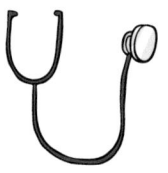

стетоскоп

stethoscope

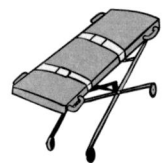

носилка

stretcher

термометър

clinical thermometer

раждане

birth

наднормено тегло

overweight

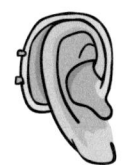

слухов апарат

hearing aid

дезинфекционно средство

disinfectant

инфекция

infection

вирус

virus

HIV / AIDS

HIV / AIDS

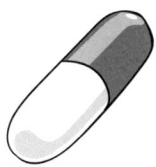

медицина

medicine

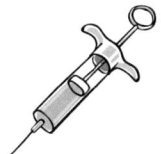

ваксинация

vaccination

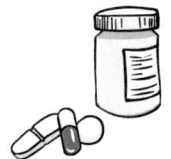

таблети

tablets

противозачатъчна таблетка
pill

спешно телефонно обаждане
emergency call

апарат за измерване на кръвното налягане

blood pressure monitor

болен / здрав

ill / healthy

Помощ!

Help!

сигнал за тревога

alarm

нападение

assault

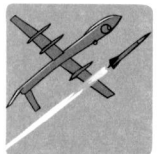

атака

attack

опасност

danger

авариен изход

emergency exit

Пожар!

Fire!

пожарогасител

fire extinguisher

злополука

accident

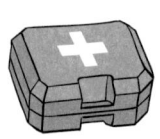

комплект за оказване на
първа помощ

first-aid kit

SOS

SOS

полиция

police

Европа

Europe

Северна Америка

North America

Южна Америка

South America

Африка

Africa

Азия

Asia

Австралия

Australia

Атлантически океан

Atlantic

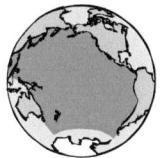

Тихи океан

Pacific

Индийски океан

Indian Ocean

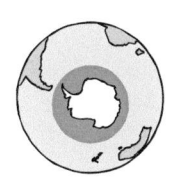

Южен ледовит океан

Antarctic Ocean

Северен ледовит океан

Arctic Ocean

Северен полюс

North Pole

Южен полюс

South Pole

Антарктида

Antarctica

Земя

Earth

суша

land

море

sea

остров

island

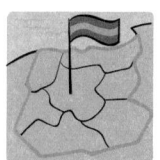

нация

nation

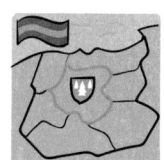

държава

state

циферблат

clock face

стрелка на часовете

hour hand

стрелка на минутите

minute hand

стрелка на секундите

second hand

Колко е часът?

What time is it?

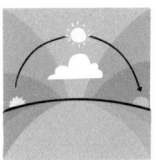

ден

day

време

time

сега

now

дигитален часовник

digital watch

минута

minute

час

hour

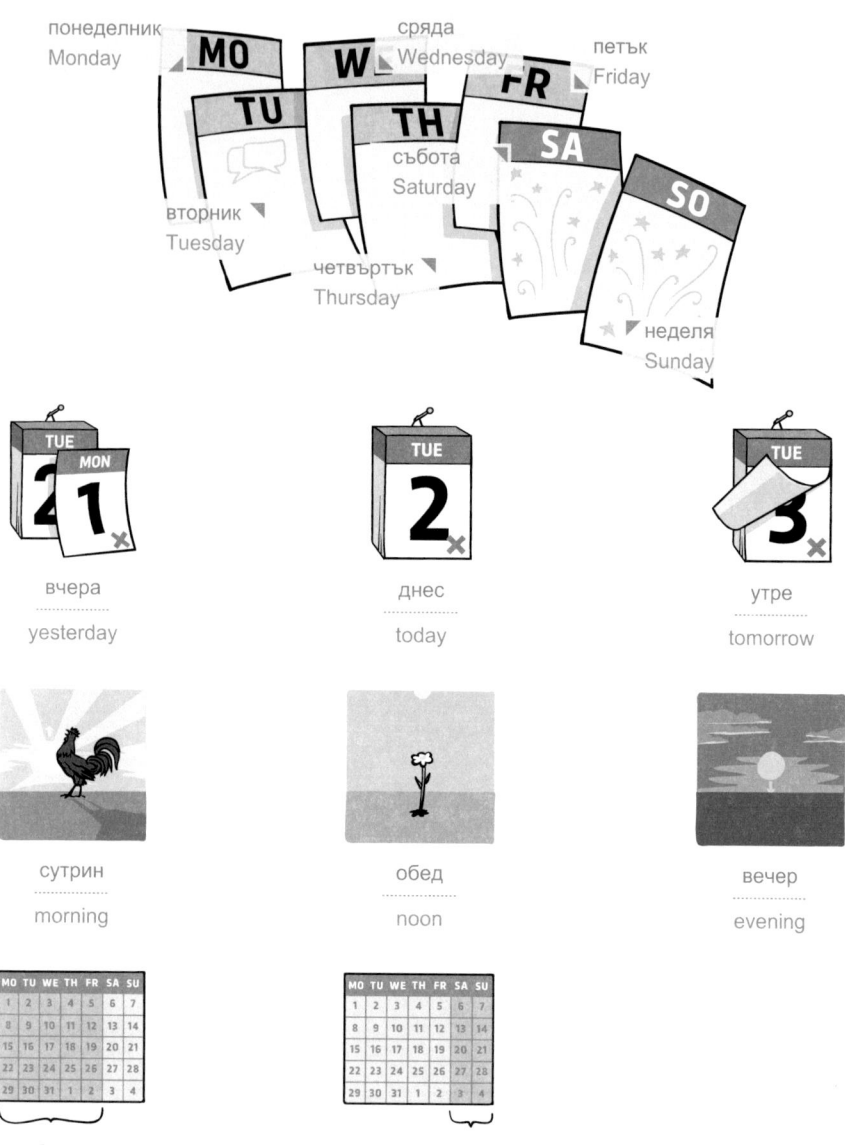

понеделник
Monday

сряда
Wednesday

петък
Friday

вторник
Tuesday

събота
Saturday

четвъртък
Thursday

неделя
Sunday

вчера
yesterday

днес
today

утре
tomorrow

сутрин
morning

обед
noon

вечер
evening

работни дни
business days

уикенд
weekend

дъжд
rain

дъга
rainbow

вятър
wind

сняг
snow

пролет
spring

есен
autumn

лято
summer

зима
winter

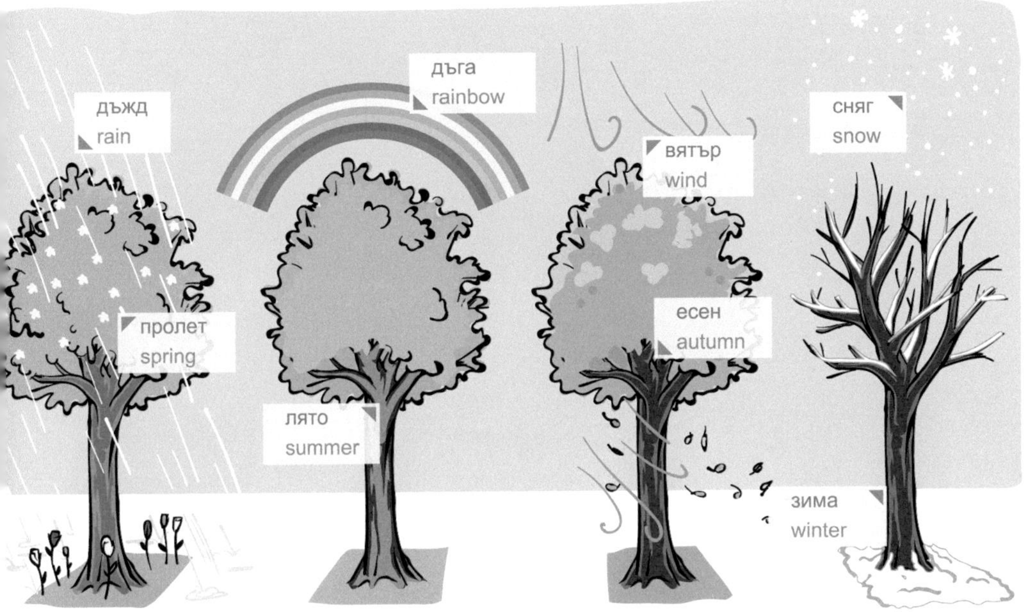

прогноза за времето

weather forecast

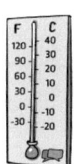

термометър

thermometer

слънчева светлина

sunshine

облак

cloud

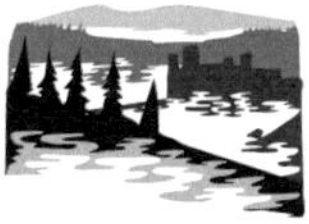

мъгла

fog

влажност на въздуха

humidity

светкавица

lightning

гръмотевица

thunder

буря

storm

градушка

hail

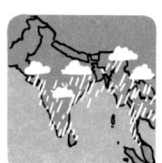

мусон

monsoon

наводнение

flood

лед

ice

януари

January

февруари

February

март

March

април

April

май

May

юни

June

юли

July

август

August

година - year

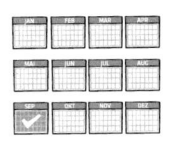

септември

September

октомври

October

ноември

November

декември

December

форми
shapes

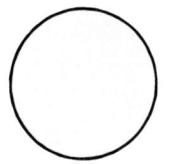

кръг

circle

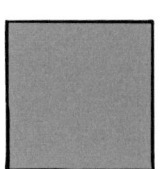

квадрат

square

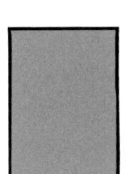

четириъгълник

rectangle

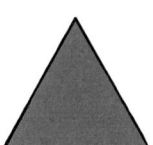

триъгълник

triangle

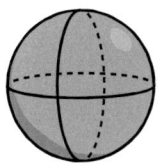

сфера

sphere

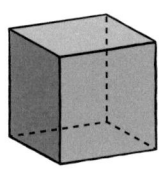

куб

cube

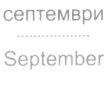

бял

white

жълт

yellow

оранжев

orange

розов

pink

червен

red

лилав

purple

син

blue

зелен

green

кафяв

brown

сив

grey

черен

black

много / малко

a lot / a little

ядосан / спокоен

angry / calm

красив / грозен

beautiful / ugly

начало / край

beginning / end

голям / малък

big / small

светъл / тъмен

bright / dark

брат / сестра

brother / sister

чист / мръсен

clean / dirty

пълен / непълен

complete / incomplete

ден / нощ

day / night

мъртъв / жив

dead / alive

широк / тесен

wide / narrow

ядлив / неядлив

edible / inedible

сърдит / любезен

evil / kind

развълнуван / скучаещ

excited / bored

дебел / тънък

fat / thin

най-напред / най-накрая

first / last

приятел / враг

friend / enemy

пълен / празен

full / empty

твърд / мек

hard / soft

тежък / лек

heavy / light

глад / жажда

hunger / thirst

болен / здрав

ill / healthy

нелегален / легален

illegal / legal

интелигентен / глупав

intelligent / stupid

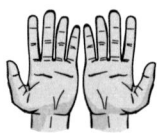

ляво / дясно

left / right

близо / далече

near / far

нов / употребяван

new / used

нищо / нещо

nothing / something

стар / млад

old / young

вкл. / изкл.

on / off

отворен / затворен

open / closed

тих / силен (звук)

quiet / loud

богат / беден

rich / poor

правилен / погрешен

right / wrong

грапав / гладък

rough / smooth

тъжен / щастлив

sad / happy

дълъг / къс

short / long

бавен / бърз

slow / fast

мокър / сух

wet / dry

топъл / студен

warm / cool

война / мир

war / peace

0

нула

zero

1

едно

one

2

две

two

3

три

three

4

четири

four

5

пет

five

6

шест

six

7

седем

seven

8

осем

eight

9

девет

nine

10

десет

ten

11

единадесет

eleven

12
дванадесет

twelve

13
тринадесет

thirteen

14
четиринадесет

fourteen

15
петнадесет

fifteen

16
шестнадесет

sixteen

17
седемнадесет

seventeen

18
осемнадесет

eighteen

19
деветнадесет

nineteen

20
двадесет

twenty

100
сто

hundred

1.000
хиляда

thousand

1.000.000
милион

million

английски

English

американски английски

American English

китайски мандарин

Chinese Mandarin

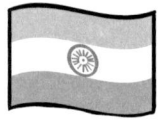

хинди

Hindi

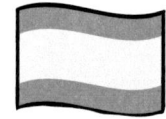

испански

Spanish

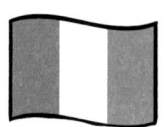

френски

French

арабски

Arabic

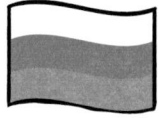

руски

Russian

португалски

Portuguese

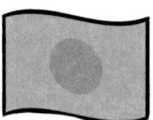

бенгалски

Bengali

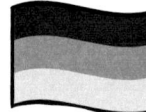

немски

German

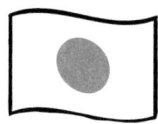

японски

Japanese

аз

I

ти

you

той / тя / то

he / she / it

ние

we

вие

you

те

they

кой?

who?

какво?

what?

как?

how?

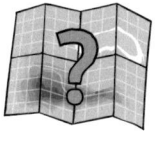

къде?

where?

кога?

when?

име

name

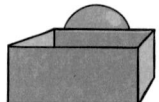

зад

behind

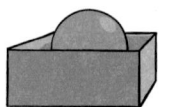

в

in

пред

in front of

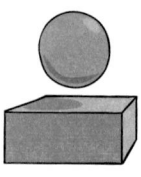

над

over

върху

on

под

under

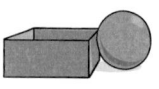

до

beside

между

between

място

place